Salle des catalogues

CATALOGUE

DE

LA BIBLIOTHÈQUE

DE

LA SOCIÉTÉ D'HORTICULTURE DE PICARDIE

Dressé par Alphonse LEFEBVRE

JANVIER 1884

AMIENS
TYPOGRAPHIE H. YVERT
64, Rue des Trois-Cailloux, 64
1884

CATALOGUE

DE

LA BIBLIOTHÈQUE

DE

LA SOCIÉTÉ D'HORTICULTURE DE PICARDIE

Article 17 du Règlement.

Le Secrétaire général-adjoint est chargé de la conservation de la Bibliothèque.

Il fait, sous sa responsabilité, aux sociétaires et aux comités, les communications qu'ils réclament, mais sur récépissés de ceux-ci, lesquels deviennent responsables, à leur tour, de la perte ou de la détérioration des livres déplacés.

Chaque ouvrage ne peut ére dehors plus de **15 jours**.

M. Alphonse Lefebvre, secrétaire-général-adjoint, route de Paris, 7, à Amiens, recevra tous les jours, de 10 heures à midi, le dimanche excepté, les Membres qui désireraient emprunter des ouvrages à la Bibliothèque de la Société.

Messieurs les pépiniéristes, horticulteurs, fabricants et marchands d'objets d'art et d'industrie employés pour le jardinage ou la décoration des jardins, sont invités à envoyer à l'adresse ci-dessus, leurs catalogues et prix-courants.

Les titres d'ouvrages sont reproduits dans différentes parties de ce catalogue lorsqu'ils s'appliquent à des sections différentes ; mais dans les mêmes titres, les mots mis en italique ne sont pas toujours les mêmes. Exemple : OEuvres *Agronomiques* et forestières.

Ce titre est représenté ainsi à la section du catalogue comprenant l'*Agriculture*, pour faire voir que c'est le mot mis en vedette qui l'a fait placer dant cette catégorie.

Au contraire, dans la partie où sont indiqués les ouvrages s'occupant de *Sylviculture*, c'est le mot forestières qui est en relief : OEuvres agronomiques et *Forestières*.

La colonne destinée au nombre des volumes ne porte pas d'indication pour les plaquettes de moins de 100 pages, ni pour les ouvrages réunis à d'autres pour former un volume, ce qui a souvent lieu dans la *Bibliothèque du Jardinier*. Les ouvrages reliés ou cartonnés séparément, sont marqués des lettres r. et c.

TITRE DE L'OUVRAGE
Agriculture. — Economie rurale.
Principes d'*Adénisation* . . . .
Almanach de l'*Agriculture* . . . .
Annuaire *Agricole* . . . .
Barème de l'*Agriculteur* . . . .
Catéchisme d'*Agriculture* . . . .
Conférences *Agricoles* du département de l'Oise . . .
id. id.
id. id.
Cours d'*Agriculture*, 1er vol. 696 pages, 2e 574, 3e 807, 4e 787, 5e 838, 6e 614.
Chimie *Agricole* . . . .
Cours de chimie *Agricole* . . . .
Leçons de chimie *Agricole* . . . .
Manuel du chimiste *Agriculteur* . . . .
Dictionnaire d'*Agriculture*. 1er vol 715 pages, 2e 710. . .
Applications de la géologie à l'*Agriculture* . . . . .
Les insectes nuisibles à l'*Agriculture* . . . .
Les insectes nuisibles et utiles . . . .
Leçons d'*Agriculture* . . . .
Météorologie et physique *Agricoles* . . . .
Questionnaire agricole . . . .
Rapport sur l'*Agriculture* à l'exposition de Vienne . .
Rapport sur les associations *Pastorales* des Pyrénées .
Rapport sur l'industrie *Laitière*. . . . .
Traité d'*Agriculture*, 1er vol. 379 pages, 2e 436, 3e 400, 4e 435, 5e 654.
Traité élémentaire d'*Agriculture*, 1er vol. 771 pages, 2e 647 . .
Traité pratique d'agriculture . . . .
Voyage *Agricole* en Russie . . . .
Œuvres *Agronomiques* et forestières . . . .
De l'alimentation rationnelle . . . .
Le *Blé* et la chèreté des subsistances. . . . . . .
Les Champs et les *Prés*. (Bibliothèque du cultivateur) .
Étude du *Cheval* de service et de guerre . . . . .
La cuisine de la *Ferme* (Bibliothèque du cultivateur) .
Economie domestique. id. id.
Du rôle des femmes dans l'*Agriculture* . . . . . .
Des *Fumiers* et autres *Engrais* animaux . . . . . .

NOM DE L'AUTEUR.	Années	Édition	Nombre de Volumes	Format	Pages
— Zootechnie et Art vétérinaire.					
Cornay de Rochefort	1859		1	in-18	108
Barral	1875		1	in-16 r.	168
Javel	1881		1	id.	192
F. Thévenet			1	id.	
Baudry et Jourdier			1	in-18	152
Louis Gossin	1871-72			in-8	15
Louis et Charles Gossin . . .	1873			»	11
id. id.	1875			»	20
Comte de Gasparin	1863	3e	6 r.	in-8	
Henri Fabre	1867	4e	1 c.	in-18 j.	142
G. Lechartier	1873		1	in-12	156
A. Bobierre	1872	2e	1 r.	in-8	604
Pourriau	1866		1 r.	id.	460
Richard		2e	2 r.	id.	
A. Burat	1872		1 c.	in-18	89
Menault	1866		1	id.	274
François	1875			in-8	56
Bodin	1874	3e	1	in-18	396
Marié-Davy	1875			d	370
Ed. Teisserenc de Bort . . .	1877		1 c.	id.	184
E. Tisserand	1874		1	in 8	235
Charles du Peyrat	1875			id.	63
A. Pouriau	1875			id.	22
Mathieu de Dombasle	1861-64		5 r.	id.	
Girardin et du Breuil	1863	2e	2 r.	in-18	
Lalire	1872		1 c.	id.	328
de Fontenay	1870		1	id.	569
Varennes de Fenilles	1860		1	in-8	512
H. Raquet	1881			id.	62
E. Duroselle	1875			id.	34
P. Joigneaux		3e		in 18	154
Richard	1874	5e	1 r.	id.	328
Mme Marceline Michaux . .				id.	172
Millet Robinet		3e		id.	243
P. E. C	1872		1	in-18	196
J. Girardin	1876	7e	1	id.	380

Agriculture. — Economie rurale.

TITRE DE L'OUVRAGE	NOM DE L'AUTEUR	Année	Édition	Nombre de Volumes	Format	Pages
Des *Irrigations* en France	Vidalin	1874		1	in-18	155
La *Laiterie*, art de fabriquer le beurre et les fromages.	Pourlau	1874	2ᵉ	1	id	516
De l'éducation du *Lapin*	Espanet		5ᵉ	1	id	136
La Maison *Rustique* des Dames, 1ᵉʳ vol 698 pages, 2ᵉ 660.	Mᵐᵉ Millet Robinet.		8ᵉ	2 r.	in-12	
Les Oiseaux dans les harmonies de la nature	Lescuyer	1872		1	in-8	111
Semis, plantation et culture du poirier et du pommier dans les *Champs* et les *Vergers*.	Mauduit	1869		1	in-18	144
Recherches sur la maladie des *Pommes de terre*.	Kleinhott	1855			in-8	32
Les *Prairies artificielles*	Ed. Vianne	1877		1	g. in-8	336
Protégeons nos amis	Maurice Malé	1878			in-8	28
De l'introduction du *Sorgho* dans le nord de la France.	Dumont-Carment	1858			id.	54
Culture du *Tabac*	Allart	1875			id.	50
L'analyse des *Terres*	I. Pierre		2ᵉ	1	in-18	247
Les poiriers les plus précieux parmi ceux qui peuvent être cultivés à haute tige aux *Vergers* et aux *Champs*.	De Liron d'Airoles.	1874	11ᵉ		in 8	65
Révolution agricole ou moyen de faire des bénéfices en cultivant les *Terres*	V. F. Lebeuf.	1875		1	in-18	183
Engrais des jardins et des champs	V. F. Lebeuf.	1872		1	id.	106
Les *Races Bovines* au Concours universel agricole de Paris, en 1856, 1ᵉʳ vol. 5 cartes et 76 pages, 2ᵉ 87 planches	Emile Beaudement	1862		2 r.	in-foli.ob	
Du Cadastre, dans ses rapports avec la *Propriété foncière*.	Président Bonjean.	1866			in-8	47
La Fermière, ou projet d'association pour l'*Exploitation du sol*	Ricœur et Lapotre.	1881			in-8	40
Les Martyrs du travail (le *Cheval*, l'*Ane*, le *Mulet*, le *Bœuf*).	Edouard Roche.	1882	6ᵉ	1	in-18	360
Des effets de l'*Engrais* Amiénois	Raquet et Bénard.	1877			in-8	16

— Zootechnie et Art vétérinaire.

TITRE DE L'OUVRAGE	NOM DE L'AUTEUR	ANNÉES	ÉDITION	Nombre de Volumes	FORMAT	PAGES
Arboriculture. — Sylviculture. — Viticulture.	**— Pisciculture. — Apiculture. — Sériciculture.**					
Arbres *fruitiers*. Taille et mise à fruits. (Bibliothèque du Jardinier)	Puvis	1868	3e		in-18	167
Choix. Culture et taille des arbres *fruitiers*	Comte de Lambertye	1869		1	id.	132
Conférences sur le Jardinage et la Culture des arbres *fruitiers*. (Bibliothèque du Jardinier)						
	Joigneaux				id.	139
L'Arboriculture *fruitière*	Gressent	1869	4e	1 r.	in-12	820
Cours d'Arboriculture *fruitière*	Frère Henri	1878		1	in-8	436
Cours d'Arboriculture *fruitière*	Delaville	1872		1 r.	id.	396
Le Jardinier *fruitier*. Taille des arbres fruitiers, 1er vol 1862, 301 pag. 2e vol. 1863, 398 pag.						
	Eugène Forney			2 r.	id.	
Principes d'horticulture pour les Jardins *fruitiers* et potagers	Morel	1861		1 r.	id.	318
Des maladies organiques des arbres *fruitiers* à pépins	Lahaye	1862			id.	43
Les *fruits à cultiver*. Leur description, leur culture	F. Jamin	1868		1	in-18	188
Les expériences d'un amateur sur la *taille des arbres*	F.-J. Lefebvre	1837	2e	1	id.	116
Méthode pour tailler les *pêchers* en espaliers	Lachaume	1837		1	id.	211
Pratique raisonnée de la taille du *pêcher*	Lepère	1860	5e	1	in-8	167
Rapport sur l'ouvrage précédent	Poiteau	1842			id.	16
Plantation, taille et conduite du *Poirier*	E. Baltet, de Troyes	1867	4e	1	in-18	100
Culture du *Poirier* et du *Pommier* dans les champs	Mauduit	1869		1	id.	144
Les *Poiriers* les plus précieux parmi ceux qui peuvent être cultivés aux vergers et aux champs						
Le *pincement* court	De Liron d'Airoles	1874	11e		in-8	65
Réfutation et critique sur la Culture de la *Vigne*	Grin aîné	1863			id.	45
Les *Vignes* américaines	E. A. Carrière				id.	66
Les *Vignobles* de France, 1er vol. 609, 2e vol. 739	Planchon	1875		1	in-18	240
Les *Vignobles*, les *Fruits à cidre*, l'*Olivier*, le *Noyer*, le *Mûrier*, les *Saules* à osier	Jules Guyot	1868		2 r.	in-8	
Note sur la maladie de la *Vigne*	Du Breuil	1875	6e	1	in-18	379
Notice id. *Vigne*	Gontier	1853			in-8	48
Mémoire id. *Vigne*	Chatel	1855			id.	10
Observations sur les maladies des végétaux et particulièrement sur celle de la *Vigne* de 1846 à 1853	de la Vergne	1853			id.	36
Description et figures de l'*arboretum* de Segrez	Willermoz	1854			id.	27
Arbres de pleine terre et d'ornement. (Bibliothèque du Jardinier)	Alphonse Lavallée	1880		1re livr.	in-4	19
Arbrisseaux et *Arbustes* d'ornement. id. id.	Dupuis				in-18	102
Les *Bois* indigènes et étrangers	Dupuis				id.	121
Le monde des *Bois*. Plantes et animaux	Dupont et Bouquet de la Grye	1875		1	in-8	552
	Ferdinand Kœfer	1868		1 r.	id.	417

TITRE DE L'OUVRAGE	NOM DE L'AUTEUR	ANNÉES	ÉDITION	Nombre de Volumes	FORMAT	PAGES
Arboriculture. — Sylviculture. — Viticulture.						
Le *Cèdre* du Liban du palais Maréchal à Toulouse	Demouilles	1866			in-18	52
Conifères de pleine terre. (Bibliothèque du Jardinier)	Dupuis				id.	156
Traité des *Conifères* 1er vol. 510 pag. 2e vol. 400	Carrière	1867		2 r.	in-8	910
L'*élagage* des arbres	Comte des Cars	1867	6e	1	in-16	152
L'aménagement des *Forêts*	A. Puton	1874	2e	1 c.	in-18	218
Guide du *Forestier*, 1er vol., 302 pag., 2e vol. 280	Bouquet de la Grye	1870	6e	2 c.	id.	
Œuvres agronomiques et *Forestières*	Varennes de Fenilles	1869		1	in-8	512
L'art de *greffer*	Ch. Baltet	1882	3e	1	in-18	460
Parcs et Jardins. (Bibliothèque du Jardinier)	de Céris				id.	142
Les *Pépinières.* id. id.	Carrière	1873	4e		id.	135
Les *Promenades* de la ville de Paris. Histoire descriptive des embellissements, dépenses de création et d'entretien. Étude sur l'art des Jardins et arboretum. Tome 1er, 1867-1873, 413 pag. Tome 2e non folioté	Alphand			2 r.	in-fol.	
Protégeons nos Amis	Maurice Malé	1878			in-8	28
Entomologie horticole	Boisduval	1867	1 r.		id.	648
Les Insectes nuisibles à l'Agriculture	Menault	1866		1	in-18	274
Les Insectes nuisibles et utiles	François	1875			in-8	56
Les Oiseaux dans les harmonies de la nature	Lescuyer	1872			id.	111
Quelques mots sur le *Macropode* de Chine	Alphonse Lefèvre	1877			in-8	12
Du Microscope appliqué à la *Sériciculture*	Pelletan	1875		1	in-18	127
Culture et taille des *Poirier, Pommier, Prunier* et *Cerisier*	V.-F. Lebeuf	1881		1	g.in-18 j.	240
Culture et traitement de la *Vigne*	id.	1863		1	in-18	284
Semis et mise à fruits des arbres *fruitiers*	E.-A. Carrière	1880		1	id.	157
Essai d'une *Ampélographie* universelle	Joseph de Rovasenda	1881		1	in-4	241
Manuel pratique de *Viticulture*	Gustave Foëx	1882	2e	1	in-18	283
Rapport sur la *Viticulture* du nord-ouest de la France	Dr Jules Guyot	1868		1	g.in-8	
Traité de *Viticulture* et d'Œnologie, 1er vol. 1873, 634 pag. 2e vol. 1880, 646 pag.	C. Ladrey		2e	2	in-18	
Traité sur la Culture du *Poirier* et du *Pommier*	L'abbé Lefèvre	1882	3e	1	id.	131
Arbres et *Arbustes* exotiques récemment introduits en France	A. Lavallée	1878			in-8	16
Les *Vignes* asiatiques et le *Phylloxéra*	id.	1878			id.	11
Album des syndicats champenois. Maladies de la *Vigne*	G. Vimont	1881			id.	28
Comité d'études et de vigilance contre le *Phylloxera*	P. Saurin	1881			id.	18
	— Pisciculture. — Apiculture. — Sériciculture					

TITRE DE L'OUVRAGE	NOM DE L'AUTEUR	ANNÉES	ÉDITION	Nombre de Volumes	FORMAT	PAGES
Arboriculture. — Sylviculture. — Viticulture.	**— Pisciculture. — Apiculture. — Sériciculture**					
Horticulture	**Horticulture**					
Des *Fumiers* et autres *Engrais* animaux.	J. Girardin	1876	7e	1	in-18	380
L'art de *Greffer*	Ch. Baltet . . . . : . . .	1859		1	id.	320
Des moyens de grossir les *Graines* et les *Fruits*, de doubler les *Fleurs*.	Ach. Barbier. . . . . , . .	1861			in-8	88
Principes d'Horticulture pour les jardins *Fruitiers* et *Potagers* . . .	Morel	1861		1 c.	id.	318
Almanach *Horticole*.	Gressent	1871-72		1	in-16	160
Conférences sur le *Jardinage* (Bibliothèque du Jardinier)	Joigneaux	1875			in-18	139
Le Bon *Jardinier*	Vilmorin etc.	1868		2 r.	id	724 et 1934
Gravures du Bon *Jardinier*	id.		22e	1	id	640
Le *Jardinier* solitaire		1761	9e	1 r.	in-12	364
Le nouveau *Jardinier* illustré	Plusieurs horticulteurs . . .	1874		1 r.	in-18	1794
Entomologie *Horticole*. . . . . , ...	Boisduval.	1867		1 r.	in-8	648
Les insectes nuisibles à l'Agriculture	Menault	1866		1	in-18	274
Les insectes nuisibles et utiles.	François	1875			in-8	86
Les Oiseaux dans les harmonies de la nature.	Lescuyer	1872		1	id.	111
Protégeons nos Amis	Maurice Malé . . . . - . .	1876			id.	28
Observations sur les maladies des Végétaux	Villermoz.	1854			id.	27
La *Maturité* des *Fruits* , ...	C. D. S. P.	1880			in-18	20

TITRE DE L'OUVRAGE
Horticulture
Parcs et Jardins. (Bibliothèque du Jardinier)
Les promenades de Paris
Engrais des *Jardins* et des Champs
L'*Horticulture* en Belgique
L'action du froid sur les végétaux
Une visite à l'*Etablissement Horticole* de MM. E. H. Krelage et fils
L'école des fleurs. Emploi du *Floral*
Le régénérateur Guilbert. *Insecticide fertilisant*
Note sur deux Sociétés d'Horticulture aux États-Unis
Une Visite à l'*Ecole* Nationale de *Versailles*
Vues et *Plans de parcs.* (Bulletin de la Société d'horticulture de Caen)
Programme de l'Exposition des produits de l'*Horticulture* et des objets d'arts et d'industrie employés pour le jardinage ou la décoration des jardins
Nom et adresse des Exposants, décisions du Jury

NOM DE L'AUTEUR.	ANNÉES	ÉDITION	Nombre de Volumes	FORMAT	PAGES
Horticulture					
Céris				in-18	142
Alphand	1867-73		2 r.	in-fol.	413 (1v)
V. F. Lebeuf	1872		1	in-18	106
Charles Baltet	1865		1 r.	in-4	184
id,	1882		1	in-8	340
J. H.	1859			g. in-8	13
Alfred Dudouy	1875			in-18	36
	1881			in-16	40
V. Ch. Joly	1881			in-8	11
Michelin	1877			id.	27
	1846			in-plano	4 pl.
(à Paris, du 22 au 28 Mai 1883)				in-8	27
id.				id.	32

Culture maraîchère

TITRE DE L'OUVRAGE	NOM DE L'AUTEUR	Années	Édition	Nombre de Volumes	Format	Pages
Culture des *Asperges* en plein air	Lhéraut-Salbœuf	1864			in-18	33
Culture naturelle et artificielle de l'*Asperge*	Loisel		2ᵉ	1	id.	107
Les *Champignons* de couches. (Bibliothèque du Jardinier)	J. Lachaume				id.	103
Les *Champignons* de la France. (Histoire, description, culture, usages)	F. S. Cordier	1870		1 r.	g. in-8	274
Les bonnes *Fraises*	Gloëde	1870	2ᵉ	1	in-18	163
Culture forcée des fruits et légumes. *Fraisier*	Comte de Lambertye	1863		1	in-8	160
Conseils sur les semis de Graines de *Légumes*	id.	1867			id.	29
Culture de *Légumes* et Fleurs sous chassis	id.				in-18	72
La *Culture maraîchère* dans le Midi de la France	A. Dumas		2ᵃ	1	id.	144
La *Culture maraîchère* dans les petits Jardins	Courtois-Gérard	1852		1	id.	176
Nouvelle manière de cultiver le *Melon*	Loisel		4ᵉ	1	id.	108
Recherches sur la Maladie des *Pommes de terre*	Kleinhott	1855			in-8	32
Le *Potager* moderne	Gressent	1873	3ᵉ	1 r.	in-18	756
Le *Potager*, jardin du Cultivateur. (Bibliothèque du Jardinier)	Naudin				id.	180
Principes d'horticulture pour les Jardins Fruitier et *Potager*	Morel	1861		1 r.	in-8	318
Bons *Légumes* et bons Fruis	V. F. Lebeuf	1852		1	in-18	132
Les *Asperges*, les *Fraises*, les *Figues*, les *Framboises* et les *Groseilles*	V. F. Lebeuf	1881		1	id.	196
Culture de l'*Asperge* à la charrue	A. Godefroy-Lebeuf	1878			id.	36
Culture des *Champignons* et de la *Truffe*	V. F. Lebeuf	1867		1	id.	100
La *Culture maraîchère*, traité pratique	A. Dumas	1880	4ᵉ	1 c.	id.	416

TITRE DE L'OUVRAGE	NOM DE L'AUTEUR	Année	Édition	Nombre de Volumes	Format	Pages
Pomologie	**Pomologie**					
Catalogue des Arbres à *Fruits* des Chartreux de Paris		1765			in-8	70
Les *Fruits* à cultiver. Leur description, leur culture	F. Jamin	1868		1	in-18	188
Le Jardinier *Fruitier*. Etude sur les bons *fruits*. 1er vol. 1862, 301 pag. 2e vol. 1863, 308 pages	E. Forney			2 r.	in-8	
La *Maturité* des *Fruits*	C. D. S. P.	1880			in-18	20
Les *Poiriers* les plus précieux parmi ceux qui peuvent être cultivés à haute tige aux vergers et aux champs	de Liron d'Airoles	1861			in-8	65
Notices *pomologiques*. 1855, 111 pag. ; 1857, 228 pag. ; 1858, 363 pag. ; 1859, 172 pag. ; 1862, 388 pages	id.	1868	2e	1 r.	id. g. in-8	134
Congrès *pomologique* de France. Procès-verbaux						
Dictionnaire de *Pomologie*. Tome 1er, 1867, 615 pag. ; t. 2e, 1869, 776 pag. ; t. 3e, 1873, 444 pag. ; t. 4e, 1873, 435 pag. ; t. 5e, 1877, 400 pag. ; t. 6e, 1879, 333 pages	André Leroy			6 r.	id.	
Pomologie de la France. Fruits décrits dans les Tome 1er 1863, Poires n° 1 à 60.						
id. 2e 1864, id 61 à 110.						
id. 3e 1865, id. 111 à 151 ; Pommes n° 1 à 7.						
id. 4e 1867, id 152 à 158 ; id. 8 à 48.						
id. 5e 1868, id. 159 et 160 ; id. 49 et 50.						
» » » Abricots 1 à 6 ; Coings 1 et 2 ; Néflier 1.						
» » » Pêches 1 à 30 ; Prunes 1 à 5.						
id. 6e 1869, Pommes 51 à 54 ; Cerises n° 2, 3, 6, 7 et 8 ; Prunes 6 à 26 ; Abricots 7 à 10 ; Raisins 1 à 9, 11.						
id. 7e 1871, Poires 161 et 162 ; Pommes 55 et 56 ; Cerises 1, 4, 9 à 23 ; Prunes, 27 à 29, Raisins 12 à 23.						
id. 8e 1873, Abricots 11 et 12 ; Cassis 1 et 2 ; Cerises 24 à 28 ; Framboises 1 à 4 ; Groseilles 1 à 5 ; Pêches 31 ; Prunes 30 ; Pommes 57 à 67 ; Poires 163 à 173 ; Raisins 24 à 26.						
Essai d'une *Ampélographie* universelle	Joseph de Rovasenda	1881		4 r. 1	id. in-4	241
Guide pratique de l'amateur de *Fruits*	O. Thomas	1876		1	in-8	394

TITRE DE L'OUVRAGE
Pomologie
Floriculture
Les *Cactées*. . . . .
Culture des *Cannas*. . . . .
Culture des *Cinéraires* . . . .
Culture des légumes et *Fleurs* sous châssis . . . . .
Des moyens de grossir les graines et les fruits, de *doubler* les *Fleurs* et d'en varier les proportions et les formes. . . . .
Le monde des *Fleurs*, botanique pittoresque . . . . .
Le Jardin *Fleuriste* . . . .
Culture des *Giroflées* . . . .
Culture des *Lantanas* . . . .
Les *Orchidées*, culture, propagation, nomenclature . . . . .
Culture des *Orchidées*. . . . .
Les *Pensées*, histoire, culture, multiplication, emploi . . .
Les *Plantes bulbeuses*. (Bibliothèque du Jardinier) . .
Les *Plantes grasses* autres que les *Cactées* . . . .
Plantes de serre chaude et tempérée. (Bibliothèque du Jardinier) . .
Les *Promenades* de la ville de Paris. Tome 1er 1867-1873, 413 pages ; tome 2e, planches non foliotées. . . . .
Histoire et culture de la *Reine-Marguerite* . . . . . .
Les *Roses*, histoire, culture, description . . . . . .
Culture du *Rosier*. (Bibliothèque du Jardinier). . . . .
La taille du *Rosier* . . . .
Rosiers, Violettes, Pensées, Primevères, Auriculas, Balsamines, Pétunias, Pivoines, Verveines. (Bibliothèque du Jardinier) . . . . . .

NOM DE L'AUTEUR	ANNÉES	ÉDITION	Nombre de Volumes	FORMAT	PAGES
Pomologie					
Floriculture					
Ch. Lemaire	1868		1	in-18	140
Ed. Chaté.			r.	in 16	208
id.			r.	id.	48
De Lambertye				in-18	72
Achille Barbier	1861			in-8	88
H. Lecoq	1870		1 r.	g. in-8	508
Aug. Rivière.		3e	1 r.	in-18	593
Ed. Chaté.			r.	in-16	95
id.			r.	id.	89
G. Delchevalerie				in-18	133
Ch. Morel.	1853		1	in-8	196
J. Barillet	1869		1 r.	in-4	52
Bossin	1872			in-18	324
Ch. Lemaire.				id.	185
Delchevalerie				id	166
Alphand			2 r.	in-fol.	
Bossin		2e		in-18	47
Jamain et E. Forney	1873	2e	1 r.	in-8	267
Lachaume				in-18	176
Eug. Forney	1864		1 r.	id.	208
Marx-Lepelletier			r.	in-18	119

TITRE DE L'OUVRAGE
Floriculture
Culture de *Verveines* . . . .
Notice sur quelques espèces et variétés de *Lys*. 6 planches. . . .
Iconographie des *Azalées* de l'Inde. 3 planches . . . .
Sciences naturelles. — BOTANIQUE.
Acclimatation et domestication des animaux utiles . . . .
Le Jardin d'*Acclimatation* illustré . . . .
Des *Aquariums*, construction, peuplement, entretien . . . . . .
Les *Bois* indigènes et étrangers . . . .
Le Monde des *Bois*, plantes et animaux . . . .
Les *Champignons* de la France . . . .
Etude du *Cheval* de service et de guerre. . . . .
Entomologie horticole . . . .
Le Monde des *Fleurs* . . . .
Flore des environs de Grand-Jouan . . . .
Flore des jardins et des champs. 1ᵉʳ vol., 396 pag.; 2ᵉ vol. 539 pag.
Flore Française . . . .
Applications de la *Géologie* à l'agriculture . . . .
Les *Insectes* nuisibles à l'agriculture . . . .
Insectes nuisibles et utiles. . . . .
De l'éducation du *Lapin* domestique . . . .
Quelques mots sur le *Macropode* de Chine . . . .
Les *Oiseaux* dans les harmonies de la nature . . . .
Protégeons nos amis . . . .
Manuel explicatif des tableaux pour l'enseignement primaire des *Sciences naturelles*. . . . .
Les *Races Bovines* au concours universel agricole de Paris, en 1856. 1ʳᵉ vol., 5 cartes et 76 pag.; 2ᵉ vol. 87 planches . . . . . .
A travers nos campagnes. Histoire des *Animaux* et des *Plantes* de notre pays . . . .

NOM DE L'AUTEUR.	Années	Édition	Nombre de volumes	Format	Pages
Floriculture					
Ed. Chaté.			r.	in-16	64
J. H. Krelage	1874			in-8	34
Auguste van Geert.	1881			in-4	15
ZOOLOGIE. — MINÉRALOGIE. — GÉOLOGIE.					
Geoffroy-Saint-Hilaire	1861	4ᵉ	1	g. in-8	534
Pichot	1873		1 r.		536
Alphonse Lefebvre.	1872				44
Dupont et Bouquet de la Grye. .	1875		1	in-8	352
Ferdinand Kœfer	1868		1 r.	g. in-8	417
Cordier	18.0		1 r.	id.	274
Richard	1874	5ᵉ	1 r.	in-18	528
Boisduval.	1867		1 r.	in-8	648
H. Lecoq	1870		1 r.	g. in-8	508
Saint-Gal	1874		1	in-32	523
Le Mahout et Decaisne			2	in-18	
Gillet et Magne.	1868	2ᵉ		id.	405
A. Burat	1872		1 r.	id.	89
Menault	1866		1	id.	274
François	1875			in-8	56
A. Espanet		5ᵉ	1	in-18	136
Alphonse Lefebvre.	1877			in-8	12
Lescuyer	1872		1	in-8	111
Maurice Malé	1878			id.	28
			1	in-18	
Emile Baudement	1862		2	in-fol. ob	
Ch. Delong	1880		1	g. in-8	pas de pagination

TITRE DE L'OUVRAGE	NOM DE L'AUTEUR	ANNÉES	ÉDITION	Nombre de Volumes	FORMAT	PAGES
Sciences naturelles. — BOTANIQUE. —	ZOOLOGIE. — MINÉRALOGIE. — GÉOLOGIE.					
Guide du jeune naturaliste. Les *Papillons de France* (19 cromolithographies)		1880		1 r.	in-8	262
De l'action du froid sur les *Végétaux*	Charles Baltet	1882		1	id.	340
Traité d'*Organogénie* comparée de la *Fleur*. 1 vol. texte, 2 vol. planches (154)	J.-B. Payer	1857		3 r.	in-4 jésus	748
Types de chaque famille et des principaux genres des *Plantes croissant spontanément en France*	F. Plée	1844 / 1864		2 r.	1 v. 75 pl. / 2 v. 85 pl.	
Monographie des *Picidés*. 1re partie, 214 pag., des planches, 1er vol. des planches ou tome 3 (60 planches) ; 2e partie, 323 pag., 2e vol. des planches ou tome 4 (61 planches)	Alfred Malherbe	1859 / 1863		4	in-folio	
Catalogue des *Plantes vasculaires* de l'arrondissement de Lodève . .	A. Aubouy	1874		1 r.	in-8	100
id. id. id. du Havre . .	A. Ebran	1869				96
Jardin d'*Acclimatation* et d'expérimentation à Liège. (Projet) . . .	J. E. Rement, architecte. . . .	1863			id	43
Médecine —	**Hygiène**					
Principes d'*Adénisation*	Cornay.	1859		1	in-18	108
Notions d'*Hygiène*	Benoist de la Grandière	1878	3e	1	in-12	108

TITRE DE L'OUVRAGE
Géographie
Géographie de la *France* . . . .
Dictionnaire d'histoire, de biographie, de mythologie et de *Géographie*.
Voyage dans les deux *Amériques* . . . .
Les Villes mortes du *Golfe de Lyon* . . . .
Voyage aux *Mers polaires*. . . . .
Les Femmes des *Pays-Bas* et des *Flandres*. . . . .
Voyage agricole en *Russie* . . . .
Dictionnaire *géographique* de la *France* et de ses possessions hors d'Europe . . . .
Arts et Métiers
La *Cuisine* de la Ferme . . . .
Economie domestique. . . . .
Lectures sur les principales *Industries* . . . .
La Maison rustique des dames. 1er vol. 608 pag. ; 2e vol. 660 pag. .
Traité de Viticulture et d'*Œnologie*. 1er vol. 1873, 634 pag. ; 2e vol. 1880, 646 pag. . . . .

NOM DE L'AUTEUR	ANNÉES	ÉDITION	Nombre de Volumes	FORMAT	PAGES
— Voyages					
Bainier	1877		1 r.	in-8	865
Louis Grégoire	1877		1 r.	id.	2162
Alcide d'Orbigny	1867		1	in-8 jésus	615
Ch. Lenthéric	1876	2e	1	in-8	524
Bellot	1880		1 r.	id.	492
H. Berthoud.	1862		1	in-12	423
Fontenay.	1870		1	in-18	569
A. Peigné.	1881		1 r.	in-8	791
— Industrie					
Marceline Michaux			1	in-18	172
Mme Millet-Robinet		3e	1	id.	242
P. Poiré	1878	3e	1 c.	in-12	408
Mme Millet-Robinet		8e	2 r.	id.	
Ladrey.		2e	2	in-18	

TITRE DE L'OUVRAGE	NOM DE L'AUTEUR	Années	Édition	Nombre de Volumes	Format	Pages
Sciences physiques.	Physique. — Chimie. — Météorologie.					
L'analyse des terres	J. Pierre		2ᵉ		in-18	247
Chimie agricole	H. Fabre	1867	4ᵉ	1 c.	in-18 jé.	142
Cours de *Chimie* agricole	G. Lechartier	1875			in-12	156
Leçons de *Chimie* agricole (l'atmosphère, le sol, les engrais)	Aldolphe Bobierre	1872	2ᵉ	1 r.	in 8	604
Manuel du *Chimiste* agriculteur	Pourriau	1866		1 r.	id.	460
Recherches sur les *Météores*	Coulvier-Gravier	1863			in-12	182
La pluie et le beau temps, *Météorologie usuelle*	P. Laurencin	1874		1 r.	in-32	344
Météorologie et *Physique* agricoles	Marié-Davy	1875			in-18	370
Observations *Météorologiques* faites à Lille	Victor Meurein	1860				
Du *Microscope* appliqué à la Sériciculture	Pelletan	1875			id.	127
Physique	H. Fabre	1872	4ᵉ	1 c.	in-18 jé.	268
Sciences morales et politiques. — Économie politique	et Morale. — Pédagogie. — Religion. — Législation.					
Le Blé et la chèreté des subsistances	Eugène Duroselle	1875			in-8	34
Chimie agricole	Henri Fabre	1867	4ᵉ	cart.	in-18 jé.	142
Le Ciel	Henri Fabre	1870	3ᵉ	id	id.	329
Francinet	Bruno	1878	14ᵉ	id.	in 12	384
Daniel Hureau	Mˡˡᵉ E. Dupuis	1877		id.	id.	283
Lectures sur les principales Industries	P. Poiré	1878	3ᵉ	id.	id.	408
Dictionnaire de *Législation* usuelle (supplément de 70 pages)	E. Cadet	1877	2ᵉ		id.	770
Conférence de *Pédagogie*	Mariotti	1877	3ᵉ		in-18	420
Physique	Henri Fabre	1872	4ᵉ	id.	in-18 jé.	268
La Terre	Henri Fabre	1870	3ᵉ	id.	id.	288

TITRE DE L'OUVRAGE	NOM DE L'AUTEUR	ANNÉES	ÉDITION	Nombre de Volumes	FORMAT	PAGES
Histoire	**Histoire**					
La *France biographique*. Les Marins, 1er vol. 356 pag.; 2e vol. 432 pag.	Ed. Goepp et H. Mannoury d'Ectot	1877		2 r.	in-8	
Les *grands hommes* de la France. Marins, 1er vol. 390 p.; 2e vol. 410 p.	id.	1875-76		2 r.	id.	
Les *grands hommes* de la France. Navigateurs	Ed. Goepp et E. Cordier	1873		1 r.	id	
Grands faits de l'*Histoire* ancienne, du moyen-âge et moderne, 1er vol. 472 pag.; 2e vol. 479 pag.; 3e vol. 444 pag.	Raffy	1875		3	in-12	419
Histoire de France, 1er vol. 571 pag.; 2e vol. 606 pag.	Henri Bordier et Edouard Charton.	1878		2 r.	in-4	
Récits de naufrages, incendies, tempêtes	Levot	1878	2e		in-12	316
Les *Siéges de Paris*	Borel et d'Hauterive	1871			d	379
Etudes *historiques* sur l'administration de l'Agriculture en France. 1er vol., 1876, 589 pag.; 2e vol. 1877, 579 pag.; 3e vol. 1877, 477 pag.	Mauguin			3	in-8	
Histoire des Paysans	Terrier de Loray	1877	2e		in 16	134
Histoire de l'origine des Inventions, des *Découvertes* et des Institutions humaines	D. Ramée	1875		1 r.	in-8	540
Sciences mathématiques. — ARITHMÉTIQUE. —	ALGÈBRE. - GÉOMÉTRIE. - ASTRONOMIE. — ARPENTAGE.					
Les *Etoiles*	A. Guillemin	1877			in-18 jé.	254
Le *Ciel*	Henri Fabre	1870	3e	1 c.	in-12	329

TITRE DE L'OUVRAGE	NOM DE L'AUTEUR.	Années	Édition	Nombre de Volumes	Format	Pages
Littérature. — Poésie.	— Contes. - Romans.					
Les Femmes des Pays-Bas et des Flandres	H. Berthoud	1862			in-12	425
La *Littérature* Française. Lectures choisies. Tome 1er, 1875, 957 pag.; tome 2e, 1874, 1200 pag.; 3e 1873, 1427 pag	Staaff		5e	3 r.	in-8	
Histoire abrégée de la *Littérature* Française, 1er vol. 520 p.; 2o vol. 496 p.	E. Chasles			2	Anglais	
Les Métamorphoses de Féruc-l'Estrange.	Mlle M. Bourotte	1875			in-12	258
Nouveaux *Contes* bleus.	Edouard Laboulaye	1868		1 r.	in-8	371
Nouvelles Génevoises	Topffer		6e	1 r.	in-4	428
Ouvrages en langue étrangère						
Annual report of the Board of Regents of the Smithsonian institution, Washington 1876, 488 p.; 1877, 500 p.; 1878, 575 p. 1879, 631 p.	F. J. M. Plumpe	1880		4 r.	in-8 in-8	145
Den Gartenbau im Deutschen Reiche.						
Annual report of the Board of Regents of the Smithsonian institution, Washington 1880, 772 p.; 1881, 839 p.				2 r.	id.	
List of Foreign correspondents of the Smithsonian institution, January 1882				1	id.	165

Ouvrages encyclopédiques.

TITRE DE L'OUVRAGE	NOM DE L'AUTEUR	Année	Édition	Nombre de Volumes	Format	Pages
Dictionnaire d'Agriculture et d'Economie du bétail, 1er vol. 710 p. 2e, 715						
id. *Français*	— **Dictionnaires.**					
id. d'*Histoire*, de *Biographie* et de *Géographie*	Richard		2e	2 r.	in-8	
id. *Géographique* de la *France* et de ses possessions hors d'Europe	Bénard	1878	29e	1 o.	g. in-18	841
id. *Historique* de la France	Grégoire	1877		1 r.	in-8	7562
id. de *Législation* usuelle						
id. de *Pomologie* :	A. Peigné	1881		1 r.	id	791
Tome 1er, 1867, Poires AC variétés, n° 1 à 389, 615 pag.	Lalanne	1872		1 r.	id.	1843
id. 2, 1869, id. DZ id. 390 à 915, 776 pag.	E. Cardet	1877	2e	1	in-12	770+70
id. 3, 1873, Pommes AL id. 1 à 258, 444 pag.						
id. 4, 1873, id. MZ id. 259 à 527. 435 pag.						
id. 5, 1877, Fruits à noyau. Abricots, 43 variétés ; Cerises, 127 variétés, 400 pag.						
id. 6, 1879, Pêches (Brugnons, Nectarines, Pavies), 143 variétés, 333 pag.	André Leroy			6 r.	g. in-8	
Les petites *Chroniques de la Science* :						
1re année 1861, 420 p. ; 2e 1862, 635 p. ; 3e 1863, 452 p. ; 4e 1864, 464 p. ; 5e 1865, 488 p. ; 6e 1866, 479 p. ; 7e 1867, 428 p. ; 8e 1868, 428 p. ; 9e 1869, 411 p. ; 10e et dernière 1870, 420 pages	H. Berthoud			10	g. in-18j.	
Les *Merveilles de la Science* :						
Tome 1er, Machines à vapeur. — Bateaux à vapeur. — Locomotive et chemins de fer. — Locomobiles. — Machine électrique. — Paratonnerres. — Pile de Volta. — Electro-magnétisme, 743 pages ; tome 2e, 1877, Télégraphie aérienne, électrique et sous-marine. — Cable transatlantique. — Galvanoplastie. — Dorure et argenture électro-chimiques. — Aérostats. — Éthérisation, 703 pages	L. Figuier			2 r.	in-4	
Histoire de l'origine des *Découvertes*, des *Inventions* et des *Institutions* humaines	D. Ramée	1875		1 r.	in-8	540

Publications périodiques

TITRE DE L'OUVRAGE	DIRECTEURS	ANNÉES de	ANNÉES à	Nombre de Volumes	PAGES	Dernière publication reçue, datée de
Le *Cultivateur Agenais* (Lot-et-Garonne); Revue populaire d'Agriculture		1877	1882	1 r.		1883
Le *Cultivateur de la Région Lyonnaise* (Rhône).	A. J. Thierry, Ch. Cornevin, etc.	1880		1 r.	371	1880
L'*Horticulteur Français*, 1863, 292 pag.; 1864 et 1865, 380 pag. chac.; 1866, 384 pag.; 1867, 392 pag.; 1868 à 1870, 384 pag. chac.	Hérincq	1863	1870	4 r.		1870
Annales de l'*Institut expérimental agricole du Rhône, à Ecully*. A partir du 1er janvier 1882 cette publication a pris pour titre : Annales de l'*Ecole pratique d'Agriculture d'Ecully* (Rhône); Revue d'Agriculture, d'Horticulture et des Sciences appliquées à la Culture.		1880	1881	1 r.		1881
Le *Monde horticole*; Revue des Sociétés d'horticulture.	A. J. Thierry	1882				1882
La *Nature*; Revue des Sciences et de leurs applications aux Arts et à l'Industrie.		1883				1883
Le *Nord-Est agricole et horticole* à Troyes.	Gaston Tissandier.	1877		1 r.	854	1877
La *Provence du Littoral*. Hyères (Var).	Ch. Baltet, J. Benoit, etc.	1876	1878	1 r.	1152	1878
Revue horticole	Nardy, F. Roullier, etc.	1877	1879	1 r.	419	1879
id. 1856, 480 pag.; 1857, 640 pag.; 1858, 672 pag.	Decaisne	1855		1 r.	480	
id. 1859 et 1860, 2 vol. de 672 pag.; 1861 à 1866, 6 vol. de 480 pages	Du Breuil.	1856	1858	3 r.		
id.	Barral	1859	1866	8 r.		
id.	Carrière	1867	1881	14 r.	à 480	
Bulletin de la *Station agronomique de la Somme*	E. A. Carrière et Ed. André	1882		1 r.	568	1883
	Nantier	1883				1883

TITRE DE L'OUVRAGE	Années de	Années à	Nombre de Volumes	Dernière publication reçue, datée de
Sociétés **correspondantes**				
Mémoires, Revues, Annales, Journaux, Bulletins — traitant exclusivement d'Agriculture.				
Bulletin-Journal de la Société d'Agriculture de l'Allier. — Moulins	1883			1883
Bulletin du Comice agricole de l'arrondissement d'Amiens. (Somme)				1883
Bulletin de la Société d'Agriculture de l'arrondissement de Boulogne-sur-Mer. (Pas-de-Calais)	1878	1879	1 r.	1879
Annales de la Société d'Agriculture du département de la Gironde. — Bordeaux	1846	1867	4 r.	1867
Bulletin semestriel de la Société d'Agriculture de Joigny. — Yonne	1861	1876	1 r.	1882
Bulletin de la Société départementale d'Agriculture de la Nièvre. — Nevers	1883			1883
Archives de l'Agriculture du Nord de la France, publiées par le Comice agricole de Lille (Nord).	1860	1880	21 r.	1883
Bulletin de la Société académique d'Agriculture de Poitiers. — Vienne	1882			1882
Bulletin agricole du Puy-de-Dôme. — Clermont-Ferrand	1862	1880	5 r.	1883
Bulletin des travaux de la Société d'Agriculture de l'arrondissement de Saint-Pol (Pas-de-Calais)	1871	1880		1880
Bulletin du Comice agricole de l'arrondissement de Vitry-le-François (Marne)	1876	1879	1 r.	1879

Sociétés

MÉMOIRES, REVUES, ANNALES, JOURNAUX, BULLETINS,

TITRE DE

Journal de la Société d'Horticulture pratique de l'
Annales de la Société d'Horticulture de l'
Bulletin de la Société d'Horticulture de l'
Société Autunoise d'Horticulture
Bulletin de la Société d'Horticulture de l'
Journal de la Société d'Horticulture du
Journal de la Société d'Horticulture de la
Revue horticole des.
Journal des travaux de la Société d'Horticulture de
Bulletin de la Société centrale d'Horticulture de
Bulletin de la Société d'Horticulture de
Bulletin de la Société régionale d'Horticulture de.
Bulletin de la Société d'Horticulture de l'arrondissement de
Bulletin de la Société d'Horticulture de
Bulletin de la Société d'Horticulture de la
Bulletin de la Société d'Horticulture de l'arrondissement de
Bulletin de la Société régionale d'Horticulture d'.
Bulletin de la Société d'Horticulture de l'arrondissement d'
Bulletin des travaux de la Société d'Horticulture de l'arrondissement d'
Journal de la Société centrale d'Horticulture de
Bulletin de la Société d'Horticulture de
Annales de la Société d'Horticulture de la
Annales de la Société d'Horticulture de la
Annales de la Société d'Horticulture de la
Bulletin de la Société d'Horticulture de
Bulletin de la Société d'Horticulture de
Journal de la Société d'Horticulture de
Annales de la Société d'Horticulture de
Marseille horticole, journal de l'Association horticole
Bulletin de la Société d'Horticulture de l'arrondissement de
Bulletin de la Société d'Horticulture des arrondissements de
Bulletin de la Société d'Horticulture de
Journal de la Société d'Horticulture de la
Annales de la Société (d'Horticulture)
Bulletin de la Société d'Horticulture de

Sociétés correspondantes

TRAITANT EXCLUSIVEMENT D'HORTICULTURE.

L'OUVRAGE	Années de	à	Nombre de Volumes	Dernière publication reçue, datée de
Ain. — Bourg.	1852	1853	1 r.	1853
Allier. Moulins	1852	1677	3 r.	1882
Aube. — Troyes	1850	1875	6 r.	1878
Autun (Saône-et-Loire)	1859	1872	3 r.	1872
Auvergne. Clermont-Ferrand	1844	1848	1 r.	1848
Bas-Rhin. — Strasbourg	1853	1870	4 r.	1870
Basse-Alsace. — Strasbourg	1875			1878
Bouches-du-Rhône				
Marseille	1854	1879	8 r.	1883
Caen et Calvados	1839	1875	4 r.	1880
Châlon-sur-Saône (Saône-et-Loire)	1880			1883
Chauny (Aisne)	1864	1871	1 r.	1882
Clermont (Oise)	1861	1877	4 r.	1883
Compiègne (Oise)	1866	1874	1 r.	1883
Côte-d'Or. — Dijon	1859	1880	5 r.	1883
Coulommiers (Seine-et-Marne)	1861	1869	1 r.	1883
Elbeuf (Seine-Inférieure)				1883
Epernay (Eure)	1873	1879	1 r.	1883
Etampes (Seine-et-Oise)	1866			1881
France. — Paris	1843	1881	20 r.	1883
Genève. — Suisse	1868	1889	1 r.	1883
Gironde. — Bordeaux	1847	1881	3 r.	1883
Haute-Garonne. — Toulouse	1860	1879	4 r.	1883
Haute-Marne. — Chaumont	1881			1883
Liége. — Belgique	1860	1862	1 r.	1862
Limoges (Haute-Vienne)	1879			1883
Mâcon (Saône-et-Loire)	1846	1860	1 r.	1880
Maine-et-Loire. — Angers	1839	1879	8 r.	1883
Marseillaise (Bouches-du-Rhône)				1883
Meaux (Seine-et-Marne)	1844	1876	3 r.	1883
Melun et Fontainebleau (S.-et-M.)	1861	1876	1 r.	1883
Montdidier (Somme)	1869	1879	1 r.	1879
Moselle. — Metz	1844	1872	3 r.	1872
Nantaise (Loire-Inférieure)	1840	1880	5 r.	1882
Neuilly-sur-Seine				1882

TITRE DE L'OUVRAGE	ANNÉES de	ANNÉES à	Nombre de Volumes	Dernière publication reçue, datée de
Sociétés				
MÉMOIRES, REVUES, ANNALES, JOURNAUX, BULLETINS, **correspondantes**				
TRAITANT EXCLUSIVEMENT D'HORTICULTURE.				
Bulletin du Cercle horticole du Nord. — Lille	1873	1880	1 r.	1883
Journal de la Société régionale d'Horticulture du Nord de la France. — Lille	1881			1883
Bulletin de la Société d'Horticulture d'Orléans et du Loiret	1849	1879	5 r.	1883
Bulletin de la Société d'Horticulture de l'Orne. — Alençon	1875			1883
Bulletin de la Société d'Horticulture de Picardie. — Amiens	1844	1881	5 r.	1883
Bulletin de la Société d'Horticulture pratique du Rhône. — Lyon	1845	1882	7 r.	1883
Bulletin de la Société d'Horticulture de St-Germain-en-Laye (Seine-et-Oise)	1854	1878	5 r.	1880
Bulletin de la Société d'Horticulture de l'arrondissement de St-Quentin (Aisne)	1864	1875	1 r.	1881
Bulletin de la Société d'Horticulture de la Sarthe. — Le Mans	1852	1880	4 r.	1883
Journal de la Société d'Horticulture de Seine-et-Oise. — Versailles	1840	1879	7 r.	1883
Bulletin de la Société centrale d'Horticulture de la Seine-Inférieure. — Rouen	1836	1890	10 r.	1883
Bulletin des travaux de la Société d'Horticulture de l'arrondissement de Senlis (Oise)	1874	1881	3 r.	1883
Journal de la Société Helvétique d'Horticulture : le Jardinier Suisse. — Genève	1881			1883
Bulletin de la Société pratique d'Horticulture de l'arrondissement d'Yvetot (Seine-Inférieure)	1874	1881	1 r.	1881

TITRE DE

Sociétés

MÉMOIRES, REVUES, ANNALES, JOURNAUX, BULLETINS QUI NE

Bulletin de la Société Industrielle d'..............
Bulletin de la Société de Viticulture et d'Horticulture d'.....
Annales de la Société Horticole, Vigneronne et Forestière de l'...
Bulletin de la Société d'Horticulture, de Botanique et d'Apiculture de
Bulletin du Comice Agricole et Société de Viticulture, Horticulture et Apiculture de..............
Annales de la Société d'Horticulture et de Viticulture de l'arrondissement de..............
Bulletin de la Société d'Horticulture et de Viticulture du......
Annales de la Société d'Horticulture, d'Arboriculture et de Viticulture des..............
Annales de la Société d'Agriculture, Sciences et Arts de la....
Bulletin de la Société d'Horticulture, d'Arboriculture et de Viticulture du..............
Recueil des travaux de la Société libre d'Agriculture, Sciences, Arts et Belles Lettres de l'..............
Bulletin de la Société d'Horticulture et de Viticulture d'.....
Bulletin du Cercle pratique d'Horticulture et de Botanique de l'arrondissement du..............
Annales de la Société d'Horticulture et d'Histoire Naturelle de l'...
Mémoires de la Société d'Agriculture, Commerce, Sciences et Arts de la..............
Bulletin de la Société d'Horticulture et de Botanique du *Centre de la*
Bulletin d'Agriculture et d'Horticulture de l'arrondissement de....
Société Agricole, Scientifique et Littéraire des........
Bulletin de la Société de Viticulture, Horticulture et Sylviculture de l'arrondissement de..............
Bulletin du Cercle pratique d'Horticulture et de Botanique de la...
Bulletin de la Société d'Horticulture et de petite Culture de.....
Bulletin de la Société de Viticulture et d'Horticulture de......

Annuaire de la Société d'Horticulture et d'Acclimatation de.....

Bulletin trimestriel de la Société d'Horticulture et d'Acclimatation du
Bulletin de la Société d'Agriculture et d'Horticulture de......

L'OUVRAGE correspondantes

S'OCCUPENT PAS EXCLUSIVEMENT D'AGRICULTURE OU D'HORTICULTURE.

L'OUVRAGE	Années de	à	Nombre de Volumes	Dernière publication reçue, date de
Amiens. (Somme)	1870	1882	7 r.	1883
Arbois (Jura)				1883
Aube. — Troyes	1866	1872	1 r.	1883
Beauvais (Oise)	1864	1881	3 r.	1883
Brioude (Haute-Loire)	1875			1883
Château-Thierry (Aisne)	1863	1874	1 r.	1874
Cher. — Bourges				1883
Deux-Sèvres. — Niort	1859	1878	1 r.	1878
Dordogne. — Périgueux	1880			1883
Doubs. — Besançon	1857	1879	3 r.	1883
Eure. — Bernay-Evreux	1844	1881	9 b.	1881
Eure-et-Loir. — Chartres	1840	1880	5 r.	1883
Havre (Seine-Inférieure)	1834	1877	2 r.	1883
Hérault. Montpellier	1861	1879	4 r.	1883
Marne. Châlons-sur-Marne	1852	1881	9 r.	1883
Normandie. Lisieux (Calvados)	1867	1877	1 r.	1877
Pontoise (Seine-et-Oise)	1865	1880	1 r.	1883
Pyrénées-Orientales. Perpignan	1859	1867	2 r.	1868
Reims (Marne)	1877	1880	1 r.	1883
Seine-Inférieure. — Rouen	1845	1851	2 r.	1851
Soissons (Aisne)	1865	1879	4 r.	1883
Tarare (Rhône)	1881			1883
Tarn-et-Garonne. — Montauban	1864 1868	1865 1869	1 r.	1869
Var. — Toulon	1878	1881	1 r.	1883
Vaucluse. — Avignon	1858	1880	14 r.	1883

TITRE DE L'OUVRAGE	ANNÉES de	ANNÉES à	Nombre de Volumes	Dernière publication reçue, datée de
Sociétés correspondantes				
Mémoires, Revues, Annales, Journaux, Bulletins qui ne s'occupent pas exclusivement d'Agriculture ou d'Horticulture.				
Sociétés correspondantes				
Mémoires, Revues, Annales, Journaux, Bulletins qui ne s'occupent ni d'Agriculture ni d'Horticulture.				
Bulletin de la Société d'Apiculture de la Somme. — Amiens	1875	1882	1 r.	1883
Mémoires de la Société d'Emulation d'Abbeville (Somme)	1838	1872	10 b.	1872
Mémoires de la Société Linnéenne du Nord de la France. — Amiens	1866	1883	7 b.	1883
Bulletin de la Société Linnéenne du Nord de la France. — Amiens	1872	1881	2 r.	1882

CATALOGUES (SANS INDICATION DE PRIX)

Catalogue de toutes les plantes cultivées au château de Courcelles-sous-Moyencourt. . . . .
Catalogue des plantes cultivées au château de Mérélessart. . . .
    id.   id.   id. . . . .
Essai d'une Ampélographie universelle, *Catalogue* général des Vignes.
Annuaire méridional d'Horticulture . . . .
Annuaire général d'Horticulture (France et Algérie). . . . . .
    id.   id.   (International) . . . .
Nom et *adresse* des Exposants ; décisions du Jury (à Paris, du 22 au 28 mai 1883) . . . .
Catalogue des Ouvrages composant la *Bibliothèque de la Société d'Horticulture de Picardie. Amiens*. . . . .

ADRESSES INTÉRESSANT L'HORTICULTURE	ANNÉE	Nombre de Volumes	FORMAT	PAGES
	1866		in-8	62
	1860		id.	31
	1861		id.	47
Joseph Rovasenda	1881	1	in-4	241
F. Brassac	1880	1	in-18	120
id.	1882	1	in-8	204
id.	1883	1	id.	199
			id.	32
Alphonse Lefebvre	1884		id.	

CATALOGUES
DE PÉPINIÉRISTES, HORTICULTEURS, GRAINETIERS, CONSTRUCTEURS DE SERRES ET

Arbres, Arbrisseaux et Arbustes	Plantes ligneuses, herbacées, bulbeuses
Baltet frères, à *Troyes* (Aube).	Baltet frères.
Baudriller, à *Gennes* (Maine-et-Loire).	Baudriller.
	Williamm Bull 536 King's Road, Chelsea, *London*.
Louis Cailleux et fils, pépiniéristes, faubourg St-Gilles, à *Abbeville* (Somme).	Louis Cailleux et fils.
Compagnie Continentale d'Horticulture, 52, rue du Chaume, à *Gand* (Belgique).	Compagnie Continentale.

TARIFS
CHAUFFAGES, FABRICANTS OU MARCHANDS D'OBJETS UTILES A L'HORTICULTURE

Graines potagères et de fleurs	Objets utiles à l'Horticulture ou aux Jardins
	Allez frères (meubles de jardins), 1, rue St-Martin, à *Paris*.
	J. J. Aubry et Cie (moteur à vent, pompes), r. Lafayette, 186, à *Paris*.
Baltet frères.	
Baudriller.	
	Beaume, 66, route de la Reine, à *Boulogne*, près Paris. (Pompes et machines hydrauliques.)
Ernst Benary, à Erfurt (Allemagne).	
	Berger et Barillot, Avenue du chemin de fer, à *Moulins* (Allier.) (Thermosiphon.)
	Bergerot (châssis et serres), rue du faubourg du Temple, 92, à *Paris*.
William Bull.	
	Louis Cailleux et fils (étiquettes en zinc).
	Carpentier, à *Doullens* (Somme). (Serrurerie).
James Carter, Dunnett et Beale, 237-238, High Holborn, *Londres*.	James Carter.
	F. Chappellier, *Neuilly-Paris*, boul. de la Seine, en face le n° 9. (Fabricant de tuteurs spiraux, à *Pithiviers* (Loiret.)
	Victor Chatelain, 113, r. des Trois-Cailloux, à *Amiens*. (Tuyaux en Caoutchouc.)

CATALOGUES
DE PÉPINIÉRISTES, HORTICULTEURS, GRAINETIERS, CONSTRUCTEURS DE SERRES ET TARIFS
CHAUFFAGES, FABRICANTS OU MARCHANDS D'OBJETS UTILES A L'HORTICULTURE

Arbres, Arbrisseaux et Arbustes	Plantes ligneuses, herbacées, bulbeuses	Graines potagères et de fleurs	Objets utiles à l'Horticulture ou aux Jardins
Croux et fils, Vallée d'Aulnay, à Sceaux (Seine).	Croux et fils.		
	Alexis Dallière, fbg de Bruxelles, 169, à Gand (Belgique).		
D. Dauvesse, Avenue Dauphine, à Orléans (Loiret).	D. Dauvesse.		
Honoré Defresne, en face la mairie de Vitry (Seine).	Honoré Defresne.		
	Delesalle frères, à Thumesnil près Lille (Nord).		
	J. B. A. Deleuil, au haut de la rue Paradis, à Marseille.		
Fermigny-Trousselle, faubourg d'Amiens, à Noyon (Oise).			
			Dumand, 14, quai du Halage, à Billancourt (Seine). (Treillage).
			E. Douarche (vases en terre cuite), usine de Frascati, à Castelnaudary (Aude).
E. Forgeot et Cie, 8, quai de la Mégisserie, à Paris.	Forgeot.	Forgeot.	
Frœbel et Cie, à Neumünster-Zürich (Suisse).	Frœbel.	Frœbel.	Frœbel.
	H. de Graaff et fils, à Lisse près Haarlem (Hollande).		
Groenewegen et Cie, à Amsterdam (Hollande).	Groenewegen.	Groenewegen.	Groenewegen.
		D. Guiheneuf, 11, rue d'Orléans, à Nantes.	
Haage et Schmidt, à Erfurt (Allemagne).	Haage et Schmidt.	Haage et Schmidt.	Haage et Schmidt.
Ch. Huber et Cie. Hyères-les-Palmiers (Var).	Ch. Huber et Cie, succursale, à Nice (Alpes-Maritimes), 44, Avenue de la Gare.	Ch. Huber et Cie.	

CATALOGUES DE PÉPINIÉRISTES, HORTICULTEURS, GRAINETIERS, CONSTRUCTEURS DE SERRES ET CHAUFFAGES, FABRICANTS OU MARCHANDS D'OBJETS UTILES A L'HORTICULTURE

Arbres, Arbrisseaux et Arbustes	Plantes ligneuses, herbacées, bulbeuses	Graines potagères et de fleurs	Objets utiles à l'Horticulture ou aux Jardins
			A. Hutchinson et Cie, 1, rue d'Hauteville, à *Paris*. (Tuyaux en caoutchouc.)
			Izambert, constructeur de serres et chauffages, boul. Mazas, 91, à *Paris*.
			The India Rubber, *Persan-Beaumont* (Seine-et-Oise). (Tuyaux en caoutchouc.)
	Jongkindt Coninck, à *Dedemsvaart-lez-Zwolle* (Hollande).		
E. H. Krelage et fils, 146, kleinen Houtweg *Haarlem* (Hollande).	E. H. Krelage et fils.	E. H. Krelage et fils.	
Veuve Laffon, à *Macheteaux près Tonneins* (Lot-et-Garonne).	Plantes aquatiques.		
			P. de Laluisant, Aimé, rue Vernier, 21, quartier des Ternes, à *Paris* (bacs coniques).
	Latour-Marliac, au *Temple-sur-Lot* (Lot-et-Garonne). Plantes aquatiques.		
			Leblond, rue Le Laboureur, à *Montmorency* (Seine-et-Oise). (Serrurerie).
V. Lemoine, rue de l'Etang, à *Nancy* (Meurthe-et-Moselle).	V. Lemoine.	V. Lemoine.	
Les enfants d'André Leroy, à *Angers* (Maine-et-Loire).	Les enfants d'André Leroy.		
			Letestu, 118, rue du Temple, à *Paris*. (Pompes et accessoires).
Levavasseur et fils, à *Ussy* (Calvados).	Levavasseur.	Levavasseur.	
			Louet frères, fabricant de clôtures, etc., à *Issoudun* (Indre).

CATALOGUES DE PÉPINIÉRISTES, HORTICULTEURS, GRAINETIERS, CONSTRUCTEURS DE SERRES ET TARIFS CHAUFFAGES, FABRICANTS OU MARCHANDS D'OBJETS UTILES A L'HORTICULTURE			
Arbres, Arbrisseaux et Arbustes	Plantes ligneuses, herbacées, bulbeuses	Graines potagères et de fleurs	Objets utiles à l'Horticulture ou aux Jardins
			Mlle B. Loyre, 10, rue du Ranelagh, quai de Passy, à *Paris*. (Bacs coniques).
Margottin père, Grande rue, 22, à *Bourg-la-Reine* (Seine).	Margottin.		
Martichon fils, horticulteur, à *Cannes* (Alpes-Maritimes).	Martichon fils.		
			J. L. Martiny et Cie, 13, rue des Petites-Ecuries, à *Paris* (tuyaux de caoutchouc).
			Menier, 7, rue du Théâtre, *Paris-Grenelle* (tuyaux de caoutchouc).
			T. Mercier, 31, boulevard Magenta, à *Paris* (tuyaux en caoutchouc).
		Overvoodde et fils, à *Delft* en Hollande.	
Oudin aîné, à *Lisieux* (Calvados).	Oudin.	Oudin.	
			E. Pelletier, 17, rue Paul-le-Long, à *Paris* (instruments, etc.).
E. Possien, à *Roye* (Somme).	E. Possien.		
			Rattier et Cie, 4, rue d'Aboukir, à *Paris*. (Tuyaux en caoutchouc.)
			Veuve Raveneau, 77, boulevard de Charonne, à *Paris* (appareils d'arrosage).
Rougier-Chauvière, 152, rue de la Roquette, *Paris*.	Rougier-Chauvière.		
			Société anonyme de *St-Sauveur-Arras* (serrurerie).
Les frères Simon Louis, à *Plantières-lès-Metz*. (Lorraine annexée.)	Les frères Simon Louis.		
Louis de Smet, à *Ledeberg-lès-Gand* (Belgique).	Louis de Smet.		
	Torcy-Vannier, 3, place St-Jean, à *Melun* (Seine-et-Marne)	Torcy-Vannier.	

CATALOGUES
DE PÉPINIÉRISTES, HORTICULTEURS, GRAINETIERS, CONSTRUCTEURS DE SERRES ET

Arbres, Arbrisseaux et Arbustes	Plantes ligneuses, herbacées, bulbeuses		
Cultures horticoles établies à *Tostat*, canton de Rabastens (Hautes-Pyrénées).	Cultures de *Tostat*.		
Transon frères, route d'Olivet, 16, à *Orléans* (Loiret).	Transon frères.		
Valentin, à *Fresnes-en-Wœuvre* (Meuse)	Valentin.		
	P. Van der Snel, horticulteur, à *Haarlem* (Hollande).		
Aug. Van Geert, horticulteur, fbg d'Anvers, à *Gand* (Belgique).	Aug. Van Geert.	Aug. Van Geert.	Aug. Van Geert.
Louis Van Houtte, à *Gand* (Belgique).	Louis Van Houtte.	Louis Van Houtte.	
James Veitch et Sons', royal exotic nursery 544 King's Road, Chelsea, *London*.	James Veitch et Sons'.		
	Vilmorin-Andrieux et Cⁱᵉ, 4, quai de la Mégisserie, à *Paris*.	Vilmorin-Andrieux et Cⁱᵉ.	Vilmorin-Andrieux et Cⁱᵉ.
John Waterer et Sons' American Nursery, Bagshot, *Surrey*.	John Waterer et Sons'.		

CATALOGUES
DE PÉPINIÉRISTES, HORTICULTEURS, GRAINETIERS, CONSTRUCTEURS DE SERRES ET CHAUFFAGES, FABRICANTS OU MARCHANDS D'OBJETS UTILES A L'HORTICULTURE

TARIFS

Arbres, Arbrisseaux et Arbustes	Plantes ligneuses, herbacées, bulbeuses	Graines potagères et de fleurs	Objets utiles à l'Horticulture ou aux Jardins

TABLE DES MATIÈRES

	Pages
Adresse intéressant les Horticulteurs	46
Agriculture	2
Algèbre	28
Apiculture	6
Appareils de chauffage	49
Arboriculture	6
Arbres	48
Arbrisseaux	48
Arbustes	48
Arithmétique	28
Arpentage	28
Arts	24
Art vétérinaire	2
Astronomie	28
Botanique	20
Catalogues (sans indication de prix)	46
Catalogues-Tarifs	48
Chimie	26
Constructeurs de serres	49
Contes	30
Culture maraîchère	14
Dictionnaires	32
Economie politique	26
Economie rurale	2
Floriculture	18

Pages

Géographie	24
Géologie	20
Géométrie	28
Graines de fleurs	49
Graines potagères	49
Grainetiers	49
Histoire	28
Horticulteurs	48
Horticulture	10
Hygiène	22
Industrie	24
Législation	26
Littérature	30
Médecine	22
Météorologie	26
Métiers	24
Minéralogie	20
Morale	26
Objets utiles à l'Horticulture ou aux Jardins	49
Ouvrages encyclopédiques	32
Ouvrages en langue étrangère	30
Pédagogie	26
Pépiniéristes	48
Physique	26
Pisciculture	6
Plantes aquatiques	52
Plantes bulbeuses	48
Plantes herbacées	48
Plantes ligneuses	48
Poésie	30
Pomologie	16
Publications périodiques	34

	Pages
Religion	26
Romans	30
Sciences Mathématiques	28
Sciences Morales et Politiques	26
Sciences Naturelles	20
Sciences Physiques	26
Sériciculture	6
Sociétés correspondantes. — Agriculture	36
Sociétés correspondantes. — Horticulture	38
Sociétés correspondantes qui ne s'occupent pas exclusivement d'Agriculture ni d'Horticulture	42
Sociétés correspondantes qui ne s'occupent ni d'Agriculture ni d'Horticulture	44
Sylviculture	6
Tuyaux d'arrosage	49
Viticulture	6
Voyages	24
Zoologie	20
Zootechnie	2

www.ingramcontent.com/pod-product-compliance
Lightning Source LLC
Chambersburg PA
CBHW060943050426
42453CB00009B/1116